HAPPY GATE
幸せのほうから
近づいてくる
生き方

「運命日」占術家
橘 さくら

集英社

Contents

★

Chapter

1

私のこと、占星術のこと

About me, and astrology

★★

Chapter

2

幸せになるための TO DOリスト

Your to-do list for happiness

★★★

Chapter

3

恋とか、愛とか、結婚とか

On love and marriage

★★★★

Chapter

4

問題解決に向けての占星術的アプローチ

An astrological approach to problem solving

★★★★★

Chapter

5

幸せのほうから近づいてくる発想法

Ways of thinking to bring happiness closer to you

はじめに

チューニングしましょう、あなた自身を。そう、ヴィオラやヴァイオリンを調弦したり、ピアノを調律するように。

というのも、人生は音楽だからです——それも、類《たぐい》まれな、この世にふたつとない、あなたオリジナルの！——そして、あなたの人生を最高に美しい旋律で彩るためにも、重心を安定させ、長時間歩いたり走ったり、時にはステップを踏んでも崩れない軸の角度、あなた独自のattitude（姿勢）を見つけ出してください。

顔の向きや目線はどうでしょう？　無理がないでしょうか？　腰の高さや、背筋の伸び具合は？　しっくりくる？　それはいわば、あなたの人生に対する基本姿勢です。その姿勢で決めたあなたのあらゆる決断は、たとえあなたが予想もつかない未来へとたどり着き、過去を恐る恐る振り返ったとしても、決してあなたを後悔させたりはしないでしょう——それがつまり「ブレない」ということです！

私自身のことでいえば——今回この仕事を進めるにあたり、私自身のことについても少し触れてはどうかと勧められたので、恐れながら言えば——落語と漫画で育った下町娘が、証券会社に入り、金融占星術と巡り合い、現在、占い師として、東京やNY、シンガポールで活動しています。第三者的にみれば、一貫したものが何もないように映るでしょう。けれども、後悔の念がないところをみると、ブレてはいなかったといえるかもしれません――いまのところは、ですけどね！

そして、難しいことかもしれませんが、目先のことばかりに、とらわれるのはやめましょう。サン・テグジュペリの『星の王子さま』にあるように、「大切なものは、目に見えない」のですから。また、清教徒的自制をもって自分自身を律しても、「無理は続かない」と知るだけかもしれません。あなたのもとへもたらされた喜びや愉しみは、いわば宇宙からのギフトです。遠慮せず、受け取りましょう――もちろん、噛みきれないほど頬張るのは、マナー違反ですけどね！

私が占星術というこの上なく魅力的なものに出会ってから、早25年が過ぎようとしています。その間、占いを通じて、または、占いに関係なく、多くの方と知り合い、その交流の中で気づかされた、いわゆる「幸せな人たち」特有の価値観や、人生における基本姿勢、そしてまた、普遍的な真理――とまでいえるかどうかはわかりませんが――を、さまざまな思い出とともに掘り起こし、深く感謝しつつ、丁寧に拾い集めたつもりです。それだけでなく、もちろん、占い師ですから、天体に関することや、12星座にまつわる話、占星術についても触れています。

もし、読んでみて「それは違う」と感じるなら、それがあなたの「答え」です――あなたは自由ですよ、いつだって！

そして占星術は、一体、誰のものでしょう？　それは、人類の、私たち人間のためのものです――だって、これまでに鳥から依頼があったことは一度もありませんから！――だとしたら、世界情勢や、世界経済、自然災害だけでなく、農林漁業や医療、通信、サービス業といったあらゆる産業に、占星術はもっと活用されるべきです。

また、あなたが先へ進むために必要なら、もっともっと占星術を利用してください――魔法の呪文程度ではなく――それにより、占星術自体も研ぎ澄まされ、より価値のあるものへと進化してゆくでしょう。そして多くの方ひとりひとりの人生がより豊かなものとなれば、あらゆる混乱や緊張、不均衡も、秩序と調和を取り戻し、世界は美しい旋律であふれるに違いありません。Ｍｍｍｍ－！

この本の中にほんの少しでも、あなたが探していた何かが含まれているなら、これほどうれしいことはありません。

橘　さくら

Chapter

1

私のこと、占星術のこと

★

About me,
and astrology

Today is not a bad day,

but tomorrow will be even better!

今日も悪くありませんが、明日は最高の１日です！

占星術の光と影

西洋占星術が私に教えてくれたこと

は、数え上げればキリがありません。

まず、西洋占星術の楽しさ、**その輝き。**

牡羊座から始まる12の星座は、とても個性的で、豊かな表情を見せてくれます。さまざまな天体と、時には優雅にワルツを踊り、時には睨《にら》み合い、どちらが偉いかお互いに主張し合うなど、まるで**優れた戯曲**をみているかのようです。

また、思わず息を呑むほどの**宇宙の秩序の美しさ**と、厳しさ、そのダイナミズム。

そして何より素晴らしいのは、刻一刻と変わる、天体同士が形成する何千、何万の幾何学模様です――そう、それはまるで、**ス**

ピログラフ定規で描いた数百万の花のよう！

想像してみてください、PCのモニター上ではなく、水晶玉の中でもなく、夜空いっぱいに煌《きら》めく何万の幾何学模様を――これほどまでに美しいものを私は他に知りません。

そして、それらの天体を通じ、**不可避な出来事の数々**や、運命、宿命と呼ばれるもの、変えようがないあらゆることを、私はいまもまだ学び続けています。

一方で、西洋占星術は、あまり知りたくもない**現実**を見せてもくれます――いやというほど。

占い人生――という言い方が適切かどうかは未だにわかりません、そこまでストイックに向き合ってきたか自信が持てないからです。それでも、占い人生20余年、占いを通じ、多くの国のあらゆる階級の人たちを知るほどに、確信めいてきた事実があります。

それは、

人の欲にはおよそ際限というものがなく、
人は自分が救われるためになら平気で他人を押しのけ、
本能の前には、理性は何の役にも立たない、ということです。

これらは何も占いでなくとも、**バーゲンセールの会場**で気づくことかもしれませんけどね！

もし、いわゆるセレブリティの

クライアントとの華やかな交流が書かれていると思ってこの本を手に取ったとしたら、あなたはガッカリするでしょう。そんなことは一切書かれていないのですから。

考えてもみてください。軽々しくクライアントの個人情報を漏らす占い師に、人は相談しようだなんて思うでしょうか？

金融占星術

多くの占星術師のみなさんは、

どうやって占いと巡り合ったのでしょうね？

私の場合は証券会社に勤務していたころに、**金融占星術**と出会ったのがスタートです――余談ですが、アジア通貨危機のずっと前、金融自由化、金融ビッグバンの前ですから、いまでなら証券会社や銀行、保険会社、信販会社も「お勤めは？」「金融です」となるところですが、当時は、銀行なら銀行、損害保険会社なら損保、証券会社なら証券、または、証券会社といいました。

そのころ私は、自分自身のことよりも、為替や株の動向が気になって気になって、そうして出会ったのが、レイモンド・アレン・メリマンという米国人が提唱した、天体の動きと過去の金融市場の動きを照らし合わせて、マーケットの動向を導き出すメリマンサイクルというものでした。

金融占星術とは耳慣れない言葉かもしれません。が、日本では、かなり以前からアリース大沢さんや、山中康司さんがご活躍されています――山中さんはバンクオブアメリカで為替トレーディング業務に就いた後、為替情報やFXのチャート分析の本を数多く出版され、現在は、コンサルティング会社を経営されています。

私はといえば、証券会社を辞めた後、金融という限定された分野ではなく、未来予知全般に関心が移り、現在に至ります。

ご専門は？　と訊かれたら、**未来予知**ですと答えます。

富豪と占星術

昔から、中華系の富豪には風水師が、

ユダヤ系富豪には西洋占星術師がついているといわれていますが、実際のところはわかりません。

私の顧客については一切お答えできませんが、アメリカのモルガン財閥の創始者J・P・モルガンは「ミリオネアは占星術を使わないが、占星術を使わないビリオネアはいない」と言っていますし、The Man Who Broke the Bank of England（イングランド銀行を破たんさせた男）と呼ばれ、世界で最も著名な投機家として知られるジョージ・ソロスも、占星術を使っているとされています。ソロスとともに、ヘッジファンドを設立したジム・ロジャーズについては、こちらはあくまで推測の域を出ませんが、占星術を使っているのでは？　といわれています。

確かに、為替や原油価格だけでなく、世界情勢や天災にも一定のサイクルが存在することがわかっていますし、あとは占星術で大衆心理にフォーカスできれば——当然できますから——それを知らない場合よりも、何倍も投資に有利に働くでしょう。

占星術の入口

占星術は確かに興味深い、

けれども、並々ならぬ熱意と向学心がないと占星術は身につかないと思っていらっしゃる方も多いかもしれません。

それは**占星術の入口**はひとつしかないとお考えだからです。

私の占星術のスタートは金融占星術でした。まず為替と株への興味があり、占星術はその後です。異文化への興味、リスペクトがまずあり、外国語はそのツールとして、というのと同じです。

もし、占星術に関心がおありなら、ご自身のご興味のある分野を占星術的な視点でみるのも一考です。

たとえば、農業に関心があるなら、農作物の出来不出来や、貿易協定の未来を占う、自給率占星術なるものを確立させても素晴らしいですし、子供の教育に興味があるなら、星座別の特性、伸ばし方や、叱り方にもコツがあることがわかるでしょうから、それをあえて幼児教育占星術としてその分野に特化し、広く世に知らせてもいいでしょう。

多くの人が関心を持つほど、その分野は磨かれ、進化し、さらに役立つ「武器」となり、「資産」となります——それは、あなたにとっても、世界中の多くの人にとっても！

移動で変わる運勢

いまや世界中のどこへでも

すぐ行けます。仕事や旅行で世界中を飛び回っている方も多いでしょう。そんな方々からよくこんな質問をいただきます。

「移動が多いことで、占いの結果に影響があるのでしょうか？」

結論からいえば、雑誌のいわゆる12星座占いを読む分には、まったく問題ありません。が、パーソナルな運勢への影響という意味なら――影響があるでしょう。

というのも、ご自身の**誕生日の前後1日間**に、どの地に滞在していたかによって、次回の誕生日までの運勢、もっと詳しくいえば「どの分野に幸運が訪れるか、どの分野にチャレンジがもたらされるか」の「どの分野」が、変わってくるからです。

実際に、これらを利用した「欲しい運を呼ぶ」旅や、転居といった開運方法も存在します。そしてそれは、今年は南西の方位が吉、といった東洋の占いとは、まったく別のものです。

情報の解釈

あらゆる国籍の、あらゆる世代の

人々に共通の真理があります。

空腹は人を凶暴にする？　物見高いと火の粉をかぶる？——そうかもしれません。けれどももっと、情報にあふれた現代にふさわしい普遍的な真理があるのです。

それは、**「人は、信じたいように信じる」**ということです。

もし、ひとりの占星術師が、未来は明るいと予測したとしても、あるいは逆に、陰鬱な未来が到来すると予告したとしても、多くの人は、自分の信じたいように信じ、信じたくないことは断固として信じないでしょう。

あらゆる情報の解釈は、**受け手の自由**だということです。

さて、それでは安心して、未来の話をするとしましょう。私たちの未来は、そして、地球の未来は明るいです。ほんとうです。

ただし——物事はよくなる前に**少しだけ**悪くなることを理解していましょう。

特別な時間

誕生日を挟んで前後1日は

「特別な時間」が流れています。次の誕生日までの1年間のその人の状態を、象徴している場合が多いのです。もし、誕生日近辺に体調不良や、トラブルが起きた年があれば、思い出してみてください。おそらく、次の誕生日までの1年間は、不本意なことの多い日々となったに違いありません。そんな意味においては、誕生日は、愛する人や、あなたを大切に思ってくれている人たちと過ごすことは素晴らしいことです――**円満なら、**ですけどね！――もちろん、心穏やかに、豊かな時間を過ごせるなら、ひとりきりで過ごす誕生日も意義深いものとなるでしょう。

「気分よく過ごす」ことが重要ですから、旅先であっても構いません。あなたの心を掻《か》き乱すことからは距離を置き、どうぞ素晴らしいバースデーをお迎えください。

もし、その「特別な時間」を気分よく過ごすことができなかったら——？

怖がらないでください。

何が原因で、気分よく過ごせなかったかを覚えておき、その1年は、**少しだけ注意を払って**過ごせばいいだけなのですから。

もし、風邪をひいて寝込んでいたなら、体調管理に気をつけたり、画期的な健康法を取り入れてみるのもいい機会となるでしょう。また、もし、特定の人物と険悪になった場合、その関係が、あなたの、そして相手のニーズに合っているのかをじっくり考えてみるといいでしょう。

占いのマナー

世界には、数多くの占いがあり、

占い方も見立てもさまざまです。もし、あなたが複数の占いを試し、結果がバラバラで、どれを採用するか迷ったら、ご自身でお考えになるのが一番です。間違っても、別の占い師のところへ赴き、特定の占い師の名前を出し、「あなたとこの方、どちらを信じればいいでしょう??」などと訊いたりしないでください。

これは、**マナーの問題**です。

どちらの占い師に対しても、とても失礼な行為ですよ!

考えてもみてください。

レストランへ赴き、シェフを呼びつけ、他の店のシェフの調理方法について質問するでしょうか?

私は霊能者ではありません。

けれどももし、霊能力というものを持ち合わせていたら、もっと的確に未来を見通すことができたかもしれないと残念に思うことはあります。

再会

ある日のこと、**不思議な出来事**がありました。

オフィスのある永田町駅構内を早足で歩いていたら、雑にまとめた髪からUピンが抜け落ち、髪がほどけてしまいました。後方を歩いていた女性が拾ってくださったので「ありがとうございます」とお礼を言い、ピンを受け取ると、その女性が言いにくそうに「あのぅ、へんに思われると思うのですが、昔、とてもかわいい動物、飼っていらっしゃいましたか？　小さくて、目の大きい」と言うのです。

心当たりがまったくないので、「いいえ。動物は飼ったことが

ありません」と答えたところ、
「目のくりくりしたかわいい動物が、あなたに会いに来るみたいです。会いたくて仕方がなかったみたい。昔、飼っていた動物のようなのですけど……赤い服を着てる……へんですよね！　お気になさらないで!!」と。

私はキツネにつままれたような気分で、そのままオフィスへ向かったのです。

その夜、実家から宅配便が届き、母の「見つけたからいれておきます」のメモとともに中から出てきたのが、写真にあるハンカチです。驚きました。確かにかわいがっていたのです。会いに来てくれたのでしょうか?? ほんとうに??

このウサギのハンカチは、大好きすぎて眺めているだけで、あまり使いませんでした。だから状態がいいのかもしれません。泉屋のクッキー缶の中に入れて、そーっと開けては、隙間からお話しをしていた記憶があります。幼稚園に入る前のことだと思いますから、約45年ぶりの再会です。

あの女性は、霊能力のある方だったのでしょうか。

特別な場所・海外編

パワースポットといえるかどうかはわかりませんが、あくまで私にとっての「特別な場所」をご紹介します。

まずは、なんといってもハワイ、中でもハワイ島の霊山マウナケアと、**マウナケア天文台群**は、標高4000m超えということもあるのでしょうが、いつ行っても荘厳さにうたれ、言葉が出なくなります。

また、「天国に一番近い島」の**ニューカレドニア**と、イルデパン、ウベア、マレ、リフーといった離島も素晴らしいです。

ニューカレドニアは、近年海外ウェディングの地として知られるようになりましたが、首都**ヌメア**について、多くの方がおっしゃいます。「何もないですよね？」と。離島へ行くための通過ポイント的な扱いなのです！　その何もないところがヌメアの最大の魅力だというのに！　何もないことはありません、ニッケル資源が豊富です！　また、周辺の島々は、蒼い海はもちろんのこと、どこも清らかな風が吹き、言葉にしなくとも、風に乗って思っていることが周囲に伝わってしまうのではないかといつもドキドキさせられます。

特別な場所・国内編

また、国内では、

与論島、**宮古島**、沖縄の**恩納村**、神社仏閣では、福岡の**和布刈《めかり》神社**、島根の**出雲大社**、生まれ育った地元の**浅草寺**は、いつ行っても胸ひらかれる想いのする特別な場所です。

もし、願いを叶えたい、そんな意味でのパワースポットということなら、**比叡山坂本の律院**をおすすめしています。

比叡山坂本の律院は、比叡山で得た力を衆生に、という想いから開かれた**「祈願寺」**で、檀家を持たず、宗派を問いません。私が言うまでもなく、素晴らしいお寺で、多くの方が祈願に来られています。しっとりと清らかな気が漂うお寺ですので、思うところのある方は、心願成就の護摩法要に参加するのもよいのではないでしょうか。

私の場合、友人に教えてもらったのがそもそものご縁で、当時、東日本大震災後ということもあり、東北の復興と、哀しみに耐えるしかないみなさんの心が少しでも軽くなるように、祈願させていただきました。その後は折に触れ、世界平和をお願いしています。マナー違反にだけはお気をつけていただきたいので、自信のない場合は必ず電話で問い合わせてくださ い。護摩法要の日程や、手順を、丁寧にご教示くださいます。（比叡山律院　滋賀県大津市坂本5－24－13　電話077－578－0094）

星座別、癒しのアイテム

覚えておくと、いざというときに

役に立ちます。落ち込みや疲れは、予告なくやってきますから——

牡羊座さんは、イルカとメレンゲ菓子、
牡牛座さんは、レモネードとオレンジピール入りチョコレート、
双子座さんは、白いバラと、オーガニック野菜、
蟹座さんは、イエローのステイショナリーと、水玉模様の小物、
獅子座さんは、高級ラタン家具とエッグベネディクト、
乙女座さんは、白い携帯ケースと、目薬、
天秤座さんは、クリスマスローズと、野イチゴのジャム、
蠍座さんは、クロワッサンと海洋深層水、
射手座さんは、世界時計と、黒コショウと、ザッハトルテ、
山羊座さんは、ネイビーブルーのTシャツと、ブルーチーズ、
水瓶座さんは、伝統芸能と、鰻、和菓子、
魚座さんは、雪、カナリヤ、粉砂糖です。

Chapter

2

幸せになるための TODOリスト

★ ★

Your to-do list
for happiness

By the way,
where is your happiness?

ところで、あなたの「幸せ」はどうなったのでしょう？

自分の世界を満たすもの

考えてもみてください。

間に合わせで調達した生活雑貨が、住まい全体のセンスを著しく損ねていると気づいたときの**絶望感**といったら!

また、おいしくないと思うものを食べて、太ったときの不本意な感じ。さらに、さほど気にかけていない人物から「あなたのことがあまり好きではありません」と意思表示されたときの**戸惑いと落胆**。

議題——**きれいなもの、おいしいもの、あなたが「イイ!」と思うもの**で、あなた自身の世界を満たすことの重要性

開運スポット

あなたにとって、**きれいなもの、おいしいもの、素敵な時間**を提供してくれる場所はすべて、開運スポットですよ！

感謝の想いを込めて対価を支払うことで、**経済**だって回るのです。

1日の始まりに

朝陽のあたる場所へテーブルを

引っ張ってきて、香りのよい一杯のお茶を楽しみましょう。ベランダの花たちに朝の挨拶を済ませ、新鮮な空気を吸って、大きく伸びをするのもいいですよ。

お決まりの日常に**アクセントをつけるだけで、**特別な時間となり、意識さえ変わってしまいます。

最高の1日になりますように。

そして、困難にある人たちが、一瞬でも**心和むひととき**を過ごせますように！

迷ったときは、質問しましょう。

そう、**未来のあなた自身**に。

どうやって道を選択し、そこへたどり着いたのか、未来のあなた自身が一番よくわかっているはずですから。

やり方は、あなたの心の中で未来のあなたへ**質問**を投げかけたら、あとは普段の生活を続けるだけです。

あなたの問いに対する**アンサー**は、あなたがふと耳にした誰かの言葉や、あなたが開いた本の頁《ページ》から、あるいは、あなたが感じた光と風の合間から聞こえてくるでしょう。

生まれ変わる日

誕生日を挟んで前後1日の

「特別な時間」に、花のタネを蒔《ま》きましょう。幸せの芽を育てるつもりで——ただし、花の手入れを忘れてしまってはダメですから、自信のない方はやめておきましょう！

そしてまた、**部屋の模様替え**をするのもいいでしょう。

フレッシュなあなた自身に生まれ変わるという願いを込めて！

喜怒哀楽の中でも、

怒と哀はコントロールしづらい感情です。そして最も強く私たちに働きかけ、制御が難しい感情が――恐怖といえるでしょう。

怒り、哀しみ、恐怖。この3つの感情がひたひたと湧いてきたら、プールのへりにしっかりつかまり、溺れないことです。

冷静にあなた自身の心の動きを観察し、怒・哀・恐怖のうちのどの感情が多くを占めるのか、分析してみましょう。

そして顔を上げましょう――おそらく目線も下がっているでしょうから――目線は**上方30度の「希望と憧れ」**のエリアに。なぜ、「希望と憧れ」のエリアかというと、目線をそこに合わせると、絶望できなくなり、未来への希望と憧れの気持ちがふつふつと湧いてくるからです！

そして、もし、途方に暮れたり、自分自身の力ではどうにもできない事態になってしまったら——?

星を見上げましょう。

上方60~80度は「解放と達観」のエリアですよ!

私が勝手にそう思っているだけですけどね。

ドラマティックに、あえて戯曲的に

生きると、単調な毎日が楽しく、また、憂鬱な日々も、**リズム**をつけることで格段に生きやすくなります。けれども、これは単純なようで案外難しいんですよ。なにしろ、あなたが情感たっぷりの**主役**であり、盛り上げる**天才演出家**であり、**ノリのいい観客**でないと成立しませんから。

確かなことは、**「傍観者」**でいないほうが人生を何倍も楽しめ、また、自分自身の気分をうまく盛り立てることができれば、あなたは、どんな環境下であれ最高のパフォーマンスを発揮でき、おそらく、自分自身を**もっともっと好きに**なるに違いないということです！

心のデトックス

クワイエット・デーを設けましょう。

情報の海から脱出する**デトックス・デー**です。

あなたがゆったりと過ごすことができる日ならいつでも構いません。テレビもＰＣも、もちろん携帯電話の電源もoffにして、あらゆる情報から離れましょう。

あなたがやらなければならないことや、あなたにしかできないことが見えてくるかもしれません。

コインには裏と表があり、

昼があれば夜があり、よいことだらけの人生もまたありません。もし、人生に**大きな混乱**がもたらされ、なすすべもなく途方に暮れているなら——往々にして、予期せぬ事態を引き起こす**天王星**、幻想の星・**海王星**、不可避な事態をもたらす**冥王星**は、私たちを揉みくちゃにし、人生の軌道からつまみ出します。

Q　私たちは一体、どうすればいいでしょう？

A　「混乱」を愛してください！

——天王星・海王星・冥王星、運命の担い手トリオより

「いつも」を見直す

行き詰まったときの特効薬が

あるのですよ！　フランスの哲学者ジャン＝ジャック・ルソーの著書『Émile ou de l'éducation』（邦題『エミール』）の一節、

Prenez bien le contre-pied de l'usage, et vous ferez presque toujours bien.

習慣とは反対の道を行け。そうすれば物事は大体うまくいく。

しっくりこない？
では、こちらを。

同じやり方では同じ結果にしかならない。

——どちらも同じことを言っているのですけど！

私が密《ひそ》かに実践していること

がありります。それは半径3m以内に不調和や対立があった場合、**「金色の粉」**を振りかけるということです——もちろん、頭の中で、ですよ！——というのも、以前、知人から、仕事で顧客とトラブルになったとき、心の中で相手に金色の粉を振りかけると、不思議と、険悪なムードから**友好ムード**に変わるという話を聞いたからです。

以来、街中や、地下鉄のホームでも、**元気のない人、苛立《いらだ》っている人、怒っている人**に遭遇したら、金の粉を振りかけています。

科学的な根拠があるかどうかは知りません。けれども、何もしないで通り過ぎるよりは、気分よくいられます！

集中！

意識を拡散させていては、

いつまでたってもあなたは**人生の傍観者**のままですよ！

敬意をもって自分自身を扱うと、

行くところすべてで最高級の扱いを受けるものです。

信じられないとしたら、あなたがまだ自分を大切に扱ったことがないか、あるいは、あなたを大切に思っている人たちの存在に**気づいていない**かのどちらかでしょう。

周囲のあなたに対する扱いが、雑すぎる！　と苦々しく思うなら、

あなた自身をいつも以上に**丁寧に**扱いましょう。いつも以上に優しく、いたわりを込めて、あなた自身の髪に、顔に、体に触れ、いつもより堂々と、動作は気持ちゆっくり、背筋を伸ばし、そう、**白鳥のように優雅に**振る舞うのです――興が乗れば、ちょこんと頭に王冠をのせたつもりになったり、ビロードのケープをまとった気分になってもいいですよ！

オフィスで、ティールームで、ヘアサロンで、あなたはいつもより大切に扱われている自分自身に気づくでしょう。

愛する人たちは？

あなたを喜ばせることに幸せを見出《みいだ》すようになります！

――これは**大革命**です！

さぁ、牡羊座さん、

決まりきった日常から脱出する準備をしてください。あなたをウンザリさせるあらゆるものから離れ、**新鮮な感動**を求めるのです。きっと、あなたは出会うでしょう。あなたの心からの願いと、あなたの**新たな人生に。**行き先は、そうですね、海外なら、イギリス、フランス、ドイツあたりはいかがでしょう？　これらの地は、牡羊座が管轄する緯度と経度を持っています。また、「競走馬」と縁のある地も楽しめるに違いありません――なぜなら競走馬の多くは春生まれ、そう、牡羊座生まれですからね！――また、**稀代のギャンブラー**として名高いあなたですから「カジノ」を工程に組み込んでも、刺激的な旅になるでしょう。あるいは、牡羊座はアスリートの星座ですから、スポーツ観戦や、トライアスロン、マラソン、ゴルフを目的とした旅行も楽しめるでしょう。牡羊座の象徴「火山地帯」もおすすめです。

あなたが旅に出るなら　牡牛座

次の休暇は、どこへ

出かけましょうね？　牡牛座さんは、視覚、聴覚、触覚、味覚、嗅覚の発達した星座ですから、きれいなもの、おいしいもの、仕立てのよい品々と出会う旅がいいでしょう。海外なら、**フランス**を候補に加えましょう。一流メゾンの服や鞄、美しい街並みや、美術館や庭園、素晴らしい芸術品の数々は、あなたを満足させてくれるでしょう。何より、市場に並べられた色とりどりの野菜やフルーツ、**オーガニック食材**の豊かさは、12星座いち食いしん坊のあなたを唸らせるに違いありません。また、牡牛座の管轄する地、イスラエルとトルコ、ロシア――中でもモスクワ――も記憶に残る旅となるでしょう。そしてまた、農業や畜産と関わりの深い星座ですから、国内外の農園やハーブ園を巡ったり、体験農業も楽しそうですよ！　牡牛座は、「美」を司ることから、ホリスティック施設や、**セレブ御用達スパ**もおすすめです。

旅の終わりに、あなたは考えます。

次はどこへ旅しようかと。あなたの旅のときめきは、ひとつ前の旅行の最終日にもう始まっています！　そもそも双子座は**「移動」**と関わりの深い星座で、**ノマドワーカー**となって、人生を旅のように生きる人も少なくありません。もし、次の休暇に、どこへ行くか決まっていないなら、ネパールや、ブータン、インド、スリランカを候補に加えましょう。これらの地は、双子座が管轄する緯度と経度を持っていますから、滞在することで、あなたの精神と体の奥深いところからエネルギーが湧き出してくるに違いありません。それ以外の地でも、**鉄道や船、飛行機**を乗り継いだり、サイクリングやジョギングを目的とした旅、あるいは、歩く工程を多く組み込むと、充実した旅になるでしょう。また、双子座が象徴する、「空港」「ターミナル駅」「学校」「郵便局」に近い宿泊施設を探したり、「風車」がある地へ赴くのもいいでしょう。

あなたが旅に出るなら　蟹座

旅行鞄に荷物を詰め、

青空の向こうへと旅立ちましょう。行く先は、蟹座は水の星座のグループで、「周りを囲われた」水辺を意味することから、海外でも国内でも、**プール**や、**温泉、湖**や、**湾**がいいでしょう。**離島**のリゾートホテルもおすすめです。海外ということなら、蟹座が管轄する緯度と経度を持っている、ミャンマー、タイ、シンガポール、ベトナム、インドネシア、香港がいいでしょう。また、オランダ、パラグアイ、北西アフリカも、あなたの人生によい変化をもたらしてくれるに違いありません。そして、あなたの旅で、最も重要となるのが宿泊先です。蟹座は、**住宅や建築物と関わりが深く、**ホテルや旅館に対する評価――それは、立地条件から、置かれているアメニティグッズ、調度品、壁紙、プールやトレーニングルームの有無、従業員のサービスまで――がそのまま旅の評価になりますから、吟味しなくてはいけません。

グアムになさいますか、

それともサイパン？　ロタ島と日本――特に、**東京**――も候補に加えましょう。何のことかって？　次の休暇の話ですよ！　これらの地は、獅子座が管轄する緯度と経度を持っています。また、イタリアとフランスは、あなたの高い美意識と優れた味覚を満足させてくれるでしょう。そして、獅子座とエンターテインメント・ショウビジネスは、切っても切れない間柄ですから、国内外を問わず、テーマパークや、オペラ、コンサート、ミュージカルの観劇を目的とした旅もいいかもしれません。そして、なんといっても重要なのが宿泊先です。獅子座さんは王者の生まれですから、**ゴージャス**で、**ステイタス感たっぷり**のホテルをぜひ。最高級のサービスを堪能し、滞在を心ゆくまで楽しんだら、最終日は、バスタブにバラの花びらを浮かべ、虹色のシャンパンをあけましょう！――明日からの「日常」のために！

あなたが旅に出るなら　乙女座

12星座いち管理能力に優れた

乙女座さんは、12星座いち**段取り上手**として知られています。無理、無駄のないスケジュールを組み、家の玄関ドアから目的地、そして、家路につくまで、安全、安心にきっちり収め、あなたの旅は終わります。乙女座さんと旅行する人は幸運です。なにしろ、チケット購入から、食事の段取りまで、すべて仕切ってくれるのですからね。そんなあなたへおすすめする旅先は、乙女座の管轄する緯度と経度を持っている、バヌアツ、ニューカレドニア、ニュージーランド、フィジーです。また、国内外を問わず、「マス目のように道が整備されている地」や、「学校」「工場」「薬局」に近い宿泊施設もいいでしょう。乙女座は「美容・健康・ペット」と関わりの深い星座ですから、**ホリスティック施設**や、**湯治**、**薬膳料理**、**伝統あるマッサージ**を目的とした旅もいいでしょうし、ペット同伴で楽しめる旅もいいでしょう。

あなたにとって、ハワイは特別な地

です。ハワイは、天秤座が管轄する緯度と経度を持っています。これはつまり、滞在することで、あなたの**精神と肉体は癒され、**エネルギーに満たされるということです！　もし、あなたの周辺に、ハワイで成功を収めている人物がいるなら、これまで以上に懇親を深めるべきです。また、旅行だけでなく、**セカンドハウス**の購入を検討してもいいかもしれません。また、貴婦人、貴公子の星座として知られ、美意識が強く、審美眼も確かな天秤座さんですから、欧州の美しい**古城**や、美術館を巡ったり、ショッピング目的の旅も楽しめるでしょう。天秤座と関わりの深い、**バレエ**や、**ピアノ**、**オペラ**を観劇したり、あるいはまた、ラグジュアリーなスパやエステを旅程に組み込んでも、充実した旅になるに違いありません。天秤座が象徴する「山や丘の斜面」や、「洋館」も、あなたの開運スポットといえるでしょう。

あなたが旅に出るなら　蠍座

もし、あなたが、自由に休暇が

取れる身なら、12月下旬から1月中旬に国内旅行へ、そして、6月下旬から7月中旬に、海外へ飛びましょう――きっと、最高の旅となるに違いありません！――もちろん、それ以外のシーズンでも「旅」は多くの蠍座さんにとって、よい気分転換になるでしょう。行き先は、あなたと縁の深い、**鍾乳洞**や、**洞穴**、**トンネル**、あるいは、**油田**、**遺跡**、**鉱物資源の豊かな地**を候補にするといいでしょう。また、蠍座が管轄する緯度と経度を持つ、タヒチや、アメリカ西海岸、カナダ西海岸――特に、サンフランシスコやバンクーバーは最高です！――はあなたの精神と肉体を深いレベルで癒してくれるに違いありません。フィンランドや、ノルウェー、モロッコも、あなたの人生によい流れを作り出してくれるでしょう。また、蠍座と「神秘学」は、切っても切れない間柄です。**高名な預言者**に会う目的の旅もおすすめです。

射手座は、「海外」や「信仰」「哲学」

「音楽」「教育」と関わりが深い星座として知られています。そして、射手座さんの多くは、こだわりがなく、大らかで、のびやかな個性の持ち主です。その個性をもってすれば、異文化圏の人々でもすぐに打ち解け合えるに違いありません。そんな射手座さんたちの「運命の地」ともいうべき地は、メキシコ、イースター島、北米のLAです。これらの地は、射手座の管轄する緯度と経度を持っています。また、**「遺跡」**と縁がありますから、ぜひ、**世界三大遺跡・ペルーのマチュピチュ、エジプトのピラミッド、カンボジアのアンコールワット**に行ってみてください。もちろん、日本国内でも、遺跡巡りはおすすめです。そして、「野生」の星座で知られるあなたですから、宿泊先は、**野宿**、**野営**、そこまでいかなくても、ログハウスや、洞穴や氷山といった**大自然**を利用した宿泊施設なら、旅の喜びは何倍にも膨らむでしょう。

あなたが旅に出るなら　山羊座

12星座いち向上心あふれ、禁欲的な

山羊座さん、やりかけの仕事や、誰かへの義務は忘れ、旅へ出ましょう。**アメリカ東海岸**と、**チリ**、**ペルー**、これらは、山羊座が管轄する緯度と経度の地ですから、土地のエネルギーに触れることで、あなたの精神と肉体は癒されるでしょう。また、**ブルガリア**、**メキシコ**、**イギリス**、**インド**への旅も、あなたの人生によい流れを作ってくれるに違いありません。そして、山羊座と「修行」、または「職人技」は、切っても切れない間柄ですから——多くの山羊座さんが清教徒的自制をもって人生を送るのはそのためです！——伝統芸能や伝統工芸、建造物、家具、皮革製品、土木建築といった**職人技**を鑑賞できる地へ赴いたり、あるいは、精神の鍛練を目的にするのもいいでしょう。また、時を刻むクロノスは山羊座の守護神といっていいほどですから、**「時計」**を旅先で購入するとよい記念になるでしょう。

そもそも水瓶座は、宇宙と関わりの

深い星座ですから、あなたに最もふさわしい旅は、**宇宙旅行**ということになるでしょう。あるいは、衛星や、**ロケットの打ち上げ**を鑑賞する旅行も、あなたの好奇心を満たしてくれるに違いありません。または、そんなツアーを企画し、仲間を募ってもいいでしょう。その他では、**ブラジル**や、**アルゼンチン**といった、水瓶座の管轄とされる緯度と経度を持つ地に滞在し、土地のエネルギーに触れることで、あなたの精神と肉体は、奥深いレベルで癒されることでしょう。水瓶座と縁のある国家であるロシアや、スウェーデンといった国も、深遠な体験が待ち受けているに違いありません。また、水瓶座は12星座いちユニークなことで知られていますから、**砂漠**へ赴き、寝袋から顔を出し、星を数えたり、うっそうとした**熱帯ジャングル**の中で、極彩色の花々や、鳥に見とれる、そんな個性的な旅があなた向きといえるでしょう。

あなたが旅に出るなら　魚座

あなたのハートは奔放です。

空高く舞い上がったかと思えば、風に乗り、輝く星を目指します。もし、ハートが低空飛行しかできないとしたら――？　旅に出るタイミングだということです！　以前から関心があった**スピリチュアル・スポット**や、昔よく読んだ異国情緒あふれる**物語の舞台**――あの主人公は、結局どうなったのでしたっけ？――あるいは、妖精が棲《す》むという王国など、あなたのハートを捉えて放さない地へ、鞄ひとつで飛んでゆきましょう！　もし、思い浮かばないなら、魚座が管轄する地の**スペイン**、**ポルトガル**、**フランス北西部ノルマンディー**を候補に加えましょう。また、あなたにとって、「海」は特別な存在です――多くの魚座さんが、まどろんだり、陶酔したり、耽溺《たんでき》することを好むのは、**「海への回帰」**、その願望が関係します――そんな意味では、海、そして、ビーチリゾートは、最高のヒーリングスポットとなるでしょう。

あなたが現状に飽き足らず、

より大きなステージを目指すなら、

上へ行けば行くほど、**空気は薄く、道幅は狭い**ということを知っておいたほうがいいでしょう——おそらく、想像以上でしょうからね。

そしてまた、

これまで、あなたのために道を作ってくれた人たちの**労力**を忘れてはいけません。

それは、非礼だとか、恩知らずだとか、ひとりですべてやってきたような顔をしてだとかではなく——それもあるでしょう、多少は。

彼らはただ淋しく思うでしょうね、トロフィーを高々と掲げるあなたを観客席から眺めて。

あなたがしなければならないことは、彼らがきちんと服を着ているか、ステージ上から確認することです。

あなたのためにひと肌脱ぎ、そのままになっているかもしれませんから。

気の毒に思うなら、そっと——**ティッシュペーパーの1枚**でもかけてあげましょう！

12星座それぞれに、

対応する体の部位があることをご存知でしょうか？
そして、その部位を大切にすることで、本来のパワーを取り戻すことが可能です。

牡羊座は、頭と顔、
牡牛座は、顎、首、デコルテ、
双子座は、手、腕・肩が最も大切な部位ということになります。
また、蟹座は、バスト、
獅子座は、目と脊髄、
乙女座は、ウエスト、
天秤座は、ヒップが重要になります。
そして、蠍座は、下腹部、
射手座は、太もも、
山羊座は、髪、皮膚、歯、関節、

水瓶座は、すね、くるぶし、
魚座は、足を丁寧にケアしてください。

Chapter

3

恋とか、愛とか、結婚とか

★ ★ ★

On love

and marriage

Imagine getting out
of your so-so life.

「まあまあの人生」から卒業したいなら──

不倶戴天

もし、きょうという日が、

かつて愛した人の、
バケツの水を掛け合って別れた人物の、
いい思い出なんかこれっぽっちもない誰かさんの
誕生日だとしたら?

A、彼らが美しいものの中を歩いてゆけるように祈る
B、地獄に落ちろと願う

Aと答えた方、いますぐ**人生相談スタンド**をひらくべきです!
Bと答えた方、「人生最悪の日々」という題の**手記**を出版社に
送るべきです!

恋人同士であれ、家族や友人であれ、

仕事関係者であれ、どんなに相手を理解しようと努めても、**「わからない」**場合があります。あなたの理解力が劣っているのでしょうか？　または、相手の神経が太いから？　そうかもしれませんし、そうではないかもしれません。

確かなことは、あなたと相手は、**種類が違う**人間だということでしょう――一概には言えませんが、いわゆる火の星座（牡羊座・獅子座・射手座）、地の星座（牡牛座・乙女座・山羊座）、風の星座（双子座・天秤座・水瓶座）、水の星座（蟹座・蠍座・魚座）といったグループ同士は、馴染みやすく、わかり合える間柄とされています――人は、自分がやられてはイヤなことを、他人に対してやらないように配慮しますから、**不快ポイント**が違えば、当然、お互いの気遣いも違います。

デリカシーのおきどころがまったく違う人間同士が、相手の思考回路と、そこから導き出される言動を理解しようとしても、難しいでしょう。

その場合、「**パターンとして覚える**」のが有効です。こういうときにご機嫌で、逆に、こんなときは元気がないという風に。そうするうちに、点と点が繋がり、相手の全体像もつかめ、彼らのスタンダードが「**わかる**」ようになるでしょう。

あなたは、ご自身の生まれた時間を

ご存知でしょうか。これはあなたが「○○座」である、というのと同じくらい**重要な情報**が隠れています。

たとえば、同じ生年月日であっても、明け方に生まれた方と、夜中に生まれた方では、印象がまったく違います。明け方生まれは、アクティヴで、一方、夜中生まれは、どちらかというと内向的で、自分の世界を大切にします。

これは、生まれた時間が違うと、「生命の原動力」が違うからです。季節によってズレが出てきますが、星座に関係なく、大体、

0：00ごろ〜2：00ごろに生まれた人は、**雑学王**のような情報通です。マスコミ関係者が多いです。転居や旅行を好み、そしてちょっぴり噂好きかもしれません。

2：00〜4：00くらいだと、きれいなもの、おいしいもの、贅沢なものへの関心が強くなります。どちらかといえば**享楽的**な面があるでしょう。

4：00くらいから日の出までの間だと、**やや衝動的**になります。彼らは「思い立ったらすぐにやりたい」のです。物事の立ち上げに向いた短距離走タイプです。

そして、日の出あと、8：00くらいだと、どこか**控えめな印象**です。彼らは、リーダーよりは、補佐役を希望するでしょう。雰囲気に敏感な繊細なタイプですから、組織にいると消耗します。

8：00〜10：00ごろの生まれは、**友人・知人**によって幸運をつかむ恵まれた人です。誰に対しても信頼できる友人であろうと努力するでしょう。彼らは、ネットワークづくりが得意です。

10：00〜正午生まれは、**キャリア志向**が強く、社会的成功を約束された人です。もし、本人に自覚がない場合、配偶者や子供にそれを求めるでしょう。

正午から14：00ごろは、**人生の真理**に興味があるかもしれません。学究的な事柄や、異文化に惹かれるか、海外への志向を強くします。

14：00〜16：00ごろは、物事の本質を見抜きます。**占いや神秘学、心理学**に興味を持ちやすいでしょう。

16：00〜18：00ごろは、世間体を重んじます。客観的な視点から、自分自身のあらゆる面を見つめようとするでしょう。また、彼らは**他人に合わせることの大切さ**をよく知っています。

18：00〜20：00ごろは、組織や集団に馴染む性質を持ち、有能だと認められることが何より重要になるでしょう。また、**健康**についても並々ならぬ関心を持つでしょう。

20：00〜22：00ごろだと、華やかな場に誘われる機会が多いかもしれません。非日常の世界、**ドラマティックな事柄を愛し、**ものづくりや、投機、創造的な活動を好むかもしれません。

22：00〜24：00ごろに生まれると、**安心**できる空間、慣れ親しんだ環境が重要な人となります。行きつけのお店や、定宿のホテルを持ち、家の中に長時間いても苦になりません。

いかがでしょう？

そしてもし、あなたに**気になるお相手**がいて、その相手の**出生時間をどう聞き出せば**いいのかわからないという場合、

「**正午生まれ**は出世して、**深夜生まれ**はオタクなんだって」

と、なにかの折にその相手に話してみてください。きっと興味深い表情であなたを見つめ、自分の生まれ時間を知っていれば、それを口にするでしょうし、知らなければ、自分の母親に訊いてみることをあなたに約束するでしょうから。

パートナーの見つけ方

もし、あなたが真剣にパートナーを

探していて、外せない条件に**「尊敬できる相手！」**を掲げているなら。

あなたが**できないこと、あまり得意ではないこと、**より**レベルアップさせたいこと**を、習いに行くか、そんなサークルに入ってみてください——騙されたと思って！

それは、水泳でも、ゴルフでも、ダンスでも、カヤックでも、オーガニックセミナーでも、ソムリエ講座でも、英語でも、フランス語でも、ポルトガル語でも、油絵でも。

あなたを待ちうけているのは、インストラクターや、講師、上級レベルの仲間といった、少なくともその時点のあなたより**「優れた」**相手ばかりです。

「うまくできないこと」に取り組むことで、あなた自身はどんどん**小さく、謙虚に**なってゆくでしょう。そんな自分自身に気づき、あなたは新鮮な感動を覚えるかもしれません。

特に、キャリア的にある程度の成功を収めていて、自分自身に対し不満がない方ほど有効です。

365日の長さ

確かなことがあります。

1年あればなんでもできるということです。

これはほんとうに、電撃結婚した方や、驚くような転機を経験し、1年前には考えられなかった境遇に身を置いている方は、実感としてお持ちでしょうが、人は1年あれば、なんだってできるのです。**ベビーだって生まれます。**

当たり前の、

けれども、当事者にだけは見えない真実があります。

それは、恋愛関係において「相手の気持ちがわからない」段階で、もう**その恋は終わっている**ということです――「まだ始まっていない」場合は、その限りではありませんよ！

これも万能方程式、「人は信じたいように信じる」で説明がつくでしょう。

おそらく、相手は「乗り気でない、別れたい、察してほしい」何《いず》れかのサインを出しているのです。にもかかわらず、「そんなことはありえない」と「信じたいように信じる」ために、齟齬《そご》が生まれ、相手の気持ちがわからなくなるのです。

相手の行動をみてください。**行動は言葉より雄弁**ですよ！

時間旅行

時には、タイムトラベラー

となって、あなた自身の人生を振り返りましょう。

重大な事実に気づくでしょう。それは、

すべてのエピソードには意味がある

ということです！

愛するパートナーと

楽しげにダンスを踊る人がいる一方で、お互いのつま先をイヤというほど踏み、傷だらけになり離れる人たちもいます。

その違いは、

ありがとう、ごめんなさい、愛しています。

この3つの言葉をいかに適切なタイミングで相手に伝えたか、または、伝えなかったかにつきるでしょう。

不毛な確認作業

パートナーとの関係を

よりよいものにしたい？
それなら、自分と**相手がどれだけ同じ**で、**どれだけ違う**のかを
確認する作業をやめることです！　今すぐに！

あなたが**パートナーに点数をつけ**、いたらなさを**責め続けたい**
なら話は別ですよ！

恋をしたい！

自発的に誰かを好きになりたい！　という方は、スポーツを始めてみましょう。それも、ひとりきりでやるものではなく、対戦相手がいるか、複数人で行うもので、かつ、**心拍数の上がる**ような――危険がともないハラハラするという意味ではなく。

いわゆる**「吊り橋効果」**で、あなたは近くにいる人に恋するでしょう――ああ、願わくは、その相手が誠実で心優しい人でありますように！

変えてみる

ロマンスであれ、仕事であれ、

他の活動であれ、世界中のあらゆる人々のあらゆる活動に当てはまる普遍的で示唆に富んだ言葉があります。

「同じ行動では、同じ結果しか得られない」です。

以前にも同じ結果になっているなら、あきらめるか、他の方法を考えることも必要かもしれません。

これはまた、「同じターゲットでは、同じ結果しか得られない」という意味でもあります。その場合、**ターゲットを変える**必要がありますよ！

パートナーを探している人は、

自分のことではなく、**自分以外の人のこと**を考える時間をつくりましょう。それはたとえば、自分の家族のことでもいいでしょうし、友達のこと、世界中の教育の機会に恵まれない子供たちのことだっていいかもしれません。ただし、自分以外の人のことを考えるといっても、他人に対する「批判」はカウントしませんよ！

もし、あなたがパートナーを探しているなら、自分の仕事、自分の未来、自分の不足など、**自分のことばかり**考えていないか振り返ってみてください。

「自分漬け」になっている人の配慮や気遣いは、見当違いで相手を戸惑わせることも多いでしょう。

理由は簡単です。あらゆる動機が自分のよさを知ってもらうことに起因するからです。

「救われたい」のです。「相手のため」と言いながら。

人に救ってもらうことを求めるより先に、自分自身に救命胴衣を投げましょう!

12星座それぞれに、

「ロマンスのエリア」というのがあります。誰もが特定の地においては、心がやわらかくなり、むやみやたらにロマンティックになってみたり、誰かを愛したくてたまらなくなるのです。

まず、牡羊座さんは、フィリピン、台湾、グアム、日本（東京）、

牡牛座さんは、オーストラリア、ニュージーランド、バヌアツ、フィジー、

双子座さんは、ハワイ、ベトナム、バリ、

蟹座さんは、アメリカ西海岸、カナダ西海岸、タヒチ、

獅子座さんは、イースター島、メキシコ、

乙女座さんは、アメリカ東海岸、ペルー、

天秤座さんは、イタリア、アメリカ西海岸、タヒチ、

蠍座さんは、スペイン、ポルトガル、

射手座さんは、イギリス、フランス、
山羊座さんは、エジプト、ロシア、ドバイ、
水瓶座さんは、インド、スリランカ、ネパール、
魚座さんは、ミャンマー、タイ、シンガポール、香港です。

Chapter

4

問題解決に向けての占星術的アプローチ

★ ★ ★ ★

An astrological approach
to problem solving

Before you stray down
the wrong path...

屁理屈の迷宮に迷い込む前に……

始まりの星座

あなたがもし、仕事や

プライベートで、何かを始める予定でいて、誰かを誘おうと考えていたり、または、推進力のある人材を探しているなら、**牡羊座さん、蟹座さん、天秤座さん、山羊座さん**に注目してください。

この4星座は**「始まりの星座」**とされ、物事の立ち上げに向くとされています。彼らは、抜群の瞬発力を誇り——たとえそうとは見えなくても、ハートは熱く燃えています！——決断力に優れ、目新しいワクワクするような事柄に際し、心からの熱意で取り組んでくれるでしょう。彼らと一緒に何かをやりたいとき、彼らの力を借りたいときは、そのプランやプロジェクトが、冒険的な試みであること、または、ちょっとした遊び心が必要であることを伝えるとスムーズでしょう。

ただひとつ、そんな彼らにも、ささいな、そう、取るに足らない欠点があります。それは、瞬発力はあるものの、**持久力に乏しい**ということです！

もし、あなたの周辺に、

牡牛座さん、獅子座さん、蠍座さん、水瓶座さんがいるなら、彼らとは、誠意をもってつき合いましょう。それができないなら、最初から距離を置いたほうがお互いのためでしょう。

彼らは、「その他大勢」的な扱いに慣れておらず、自分を軽く扱う相手に対して、すり寄ったり、おもねったりはしません――表面上はどう見えようとも――それだけ自負心が強く、オリジナルの価値観・信念を大切にする星座だということです。

彼らは、栄誉ある活動や、長く続くプロジェクトにおいて、才能を発揮するでしょう。**「不屈の星座」**とされ、独自の人生哲学を持ち、意志が固く、ブレません――それだけ頼りになるということです――彼らとよい関係を築くためのポイントは、

1、彼らを尊重する
2、彼らのスペースを圧迫しない

このふたつです。

柔軟な星座

あなたにもし、悩みがあって、

誰かに話を聞いてもらいたいと思うなら、近くにいる、**双子座さん、乙女座さん、射手座さん、魚座さん**をつかまえましょう。

支配欲の強い人物からのアドバイスほど有難迷惑なものはありませんが、その点、彼らなら安心です。

彼らは「柔軟な星座」とされ、ある種の「しなやかさ」を持ち合わせています。こだわりが少なく、柔軟ですから、間違ってもあなたに、自分の考えを押し付け、コントロールしようなどとは考えないでしょう。激しさや、厳しさ、頑《かたく》なな感じとは無縁の、頭のやわらかい彼らは、環境の変化に強く、時代の変化にも、その時々でベストな方法を採用して、流れるように生きてゆく人々です。

ただ一点、**「懲りない」**のが難点で、同じ過ちを繰り返すかもしれません。

なんて――重いのでしょう、

手も足も。ずぶ濡れのコートを着ているかのようです。何より、この気分。停滞感と絶望がミックスされたような、そして、地べたを這うような感覚。日々を坦々と生きていくのが精一杯――。

何のことかわからない方は、もう忘れてしまったのかもしれません。

心当たりがある方は、いままさに、重要なレッスンの真っただ中かもしれません。

宇宙の教師・土星のことですよ！

土星の影響を強く受けているときの「**体感**」を言い表してみたのです――いかがでしょう？

土星がもたらす数々の試練について、占いに精通した人はいうかもしれません。「**学び**」になると。

でも、ちっとも学びたくなんかないとしたら??

それでもやはり逃れることはできないでしょう。それは、ふり切ってもまとわりついてくるあなた自身の影のようなもの。

もし、いつまでついてくるつもりなのか、土星に尋ねたら、あなたが自分自身と向き合うまで。あなたがあなたの**「実人生」**を生き始めるまでだと答えるでしょう。

もし、土星の当たりがきついと感じるなら、それは、あなたがまだ、ぬいぐるみを抱っこしたままのネンネさんか、または、つんのめって生きているけれど、支柱を探すためにキョロキョロしているティーンエイジャーの精神を持っているということかもしれません。

触れるものすべてに制限をかける

土星は、ウンザリするほど地味な努力が必要な、厳しいレッスンを課すことで知られています。

その生徒役となるのは、なにも土星が滞在している星座だけではありません。

星座に関係なく、12星座それぞれに特定の分野における**「学び」**の機会が巡ってくるのです。

土星はつまり12のクラスを受け持つ厳格な教師で、クラスごとに、自立、お金、コミュニケーション、と、鍛錬しなければならない課題を与え、生徒たちが**現実的に、冷静に、**ポジティヴな視点を忘れることなく、課題をクリアしてくれることを、氷河よりも厳しい目で見守っているということです。

土星のレッスンⅡ

そして、中でも、土星の影響を

色濃く受けるのは、**土星が滞在している星座**と、**180度**、そして、**90度のポジション**にある星座です。

たとえば、射手座に土星があるとき（2014年12月24日～15年6月15日、15年9月18日～17年12月20日）は、射手座、双子座、乙女座、魚座が、また、山羊座に土星があるとき（17年12月20日～20年3月22日、20年7月2日～12月17日）は、山羊座、蟹座、牡羊座、天秤座が、そして、水瓶座に土星があるとき（20年3月22日～7月2日、20年12月17日～23年3月7日）は、水瓶座、牡牛座、獅子座、蠍座が、他の星座に比べ、よりシリアスで、場合によっては過酷な――場合によっては、ですよ！――土星のレッスンを受けることになるでしょう。

土星はひとつの星座を通過するのに約2年半かかりますから、その期間中、12星座中4星座、つまり12人のうち4人が、憂鬱な日々を送っているという換算になります——もっといえば**世界の人口の3人にひとり**です!

これはつまり、通勤電車のあなたと同じ車輛に乗り合わせた人の**3人にひとり**は、そうは見えないとしても、人知れず海の底よりも深いため息をつき、自分自身の来し方行く末を憂い、ちょっぴり涙ぐんでさえいるかもしれないのです。

なぜこのような話をするかというと、土星はエネルギーを抑え込み、**孤独**をもたらすことで知られているからです。

あなたがもし、土星の洗礼を受け、誰も自分の気持ちなんてわかってくれっこない、などと、ひとりで**涙の池**でボートを漕いでいるなら、同じころ、世界中の3人にひとりが同じ想いでいることを思い出し、どうかそれを心強く思ってください。

土星のレッスンⅢ

いえることは、土星の影響が

強いとき、あなたはおそらく道の途中で立ち尽くしていて、涙ぐんでみたり、くよくよしたり、また、友人とのディナーの約束を「気分が乗らない」という理由でキャンセルしたり、あるいは、休日の昼下がり、アドレス帳から暇そうな知人を探し出しては電話をかけ話し込み、ちょっぴり煙たがられるだろうということです。

といっても、嘆かないでください。素晴らしい収穫も用意されているのですから——物事には必ず、よい面と悪い面がありますからね。

それは、**何があなたにとって必要**で、**何が取るに足らないもの**なのかということ、そして、**誰があなたの敵**で、**誰が最良の友人**かということがはっきりするという点です。

土星があなたの星座に

入っているとき、あなたは、カラフルで浮ついたものではなく、**重々しく、クラシックなもの**を好むようになるでしょう。それはたとえば、重い香りの香水を選ぶということかもしれませんし、古民家やアンティーク家具に惹かれるということかもしれません。

もちろん、それ自体に何の問題もありません。ただし、高価な買い物をする際は、そのことを覚えておく必要がありますよ！

土星が抜けると、しっくりこなくなり、首を傾げることになるでしょうから！

土星を「引き受ける」

一体どうしたら、

土星のありがたくも厳しいレッスンから、逃れることができるでしょう——？　その答えを私もずっと考えてきました。なにしろ、土星は6～7年ごとに私たちを悩ませ、キリキリ舞いさせるからです。そしてたどり着いた答えは、

土星が象徴するものを先回りして**「引き受ける」**。

これは、土星の影響から完全に逃れるのは無理としても、**「軽減」**させようとするもので、実際に個人セッションにいらした方にアドバイスし、一定の効果が得られた——と報告があった——ものです。

具体的には、土星が象徴する、

◆手間のかかるもの
◆現実的なこと
◆意識的にコントロールしなければならないこと
◆日々、気にかけなくてはならないもの
◆地道な努力を要すること

を、日々の生活に取り入れるのです――**先回りして。**

その際は、以前からやろうと思っていたけれど、面倒でそのままになっていたことや、美容・健康に関する新しい習慣や日課になるものがいいでしょう。なぜなら絶対に無駄にはなりませんから――もちろん、本来、土星がもたらすレッスンで、無駄になるものなんてひとつもありませんけどね！

資格取得の勉強を始めたり、手間のかかるヘアスタイルにしたり、肉体改造に励んだり、水泳やゴルフを習いに通ったり、ジョギング、ヨガを日課にするのもいいでしょうし、あるいは、土星が象徴する「骨・歯・皮膚・髪」のメンテナンスのために、整体や歯科医院、皮膚科、ヘッドスパ等に定期的に通ったり、また、土星は「文字」を表しますから、書道やペン習字を習ったり、日記をつけてもいいかもしれません。あるいはまた、お弁当を作ったり、毎晩寝る前のストレッチを日課にしてもいいでしょう。

宇宙のやんちゃ坊主・火星

人生には、

天国と地獄の音楽に乗って、つんのめりながら先へ進まなければならないときと、ギアをローにして、ゆっくりと行かなければならないときとがあります。**宇宙のやんちゃ坊主・火星**があなたの星座を通過するときは——？

もちろん前者です！

火星の公転周期は約687日で、約2年に一度、あなたの星座にやってきて、通常2か月間滞在します。

その間、あなたの人生は、**エネルギーに満ちあふれ、**あなたは一流シェフとなり、熱したフライパンを片手に、次から次へと、まるで魔法のように、素晴らしいご馳走を完成させるに違いありません。あなたは多くの偉業を達成し、行く先々で拍手喝采を浴びるでしょう。もし、あなたの往く手を塞ぐ人がいたら堂々と伝えましょう。「そこを空けてください！」と。誰にもあなたの人生を支配することなんてできやしないのです。

そしてあなたも、この火星という、膨大なエネルギーの使い道を誤ってはいけません――**無意味な抗争や対立**を生むだけです。

もし、火星があなたの星座にあるとき、他人の人生に関心が向かったり、本来あなたがやるべき事柄に、なかなか取り組めないとしたら――？

自分に**多くを求めすぎていないか、**見つめ直す必要があるかもしれません。

自分自身への要求が多すぎると、他人の幸不幸が気になり、他人の生活に関心を持つようになるといいますよ！

ビジネスや、旅行、移動について、

また、テクノロジーや、SNS、意志疎通に関する事柄、あるいは、文書や、契約、交通と関わりの深い天体として有名な**水星**は、1年のうちに3~4回、約3週間、逆行します——といっても、実際に逆行するわけではなく、地球からそう見えるだけです——**水星逆行中**というのは、取り決めを交わしたり、高価な買い物にサインするには不向きとされています。

なぜなら、逆行期間が終わるやいなや、決定が覆《くつがえ》ったり、プランが変更になったり、なぜ、あんな買い物をしたのだろう⁇ と首を傾げる可能性が高いからです。

けれども、**「ちょっとした不都合」**にさえ我慢できるなら、タイムトラベラーとなって**過去にさかのぼり、**あれこれ考えたり、**2度目の場所へ赴く**ことで、多くの恩恵がもたらされるでしょう。

「ちょっとした不都合」？

それは、**システム障害**と、**交通機関の混乱**です！

幸運の星・木星

「12年に一度の大幸運期」を

もたらすことで知られる**木星**は、ひと星座に約1年滞在し、12年で12星座を一巡します。**幸運の星**として名高く、**発展**、**成功**、**繁栄**に導くとされ、実際に木星が巡ってきているとき、あなたは気が大きくなり、新たな可能性を受け入れやすくなっていることでしょう。また、いつもは開かないドアも、あなたが前に立つだけで自動に開き、さらに、輝かしい機会と、善意の人々が次から次へとやってきて、あなたの人生に多くの恩恵をもたらすに違いなく、あなたは、目に見えない神秘的なものから**保護**を受けているような、不思議な感慨を持つでしょう。

その一方で、木星は、**「拡大」**の意味もあり、単に、事態を拡大させたり、事情を知る関係者を**増加**させるだけの場合もあるでしょう——体がひと回り「拡大」する可能性も高いですよ！——また、**法律**と縁の深い星ですから、婚姻に関する問題や、訴訟を引き起こす場合もあるでしょう。

幸運の使者・希望の担い手として

名高い木星ですが、木星をどうやって使うかご存知ですか？
意味がわからない？　木星の使い方ですよ！

木星は、**「幸運のクセづけ」**に使うのです。

たとえば、いまあなたの金銭のエリアに木星が滞在しているなら、あなたのお金に対する考え方や、稼ぎ方、使い方を見直しましょう。そして、よりよい状態にするためのあらゆる選択肢を採用することで、幸運のクセがつくでしょう。またもし、ロマンスのエリアを木星が通過中なら、愛する人との関係や、愛情面でのこれまでのパターン――それは、受け身すぎて気持ちが伝わらないといったことから、干渉しすぎて壊してしまう、マスタークラスのつむじ曲がりばかり好きになるといったことまで――を見つめ直すことで、無意識にやっていた恋愛癖を直せるということです。

予想外の星・天王星

人生には、白目を剥《む》くような

驚愕《きょうがく》の事態に遭遇することがよく――はありませんね、ごくたまに――あります。多くの場合、それらは、**予想外の出来事**を引き起こすことで知られる**天王星**が関わっている可能性が高いでしょう。

天王星はいつも、私たちの古ぼけた価値観や思い込みを覆します。天王星がもたらすのは**「想定外の事態」**です。そこにいいも悪いも介在しません――意味を持たせるのは常に私たちですから。

思いがけない展開で何かを手放さなければならない場合もあれば、驚くような成り行きで何かを手に入れる場合もあるでしょう。

天王星の影響がどんなものかは、**双子座さん、乙女座さん、射手座さん、魚座さん**は、よくご存知かもしれません。なぜなら、過去2003年3月11日～9月15日、03年12月30日～10年5月28日、10年8月14日～11年3月12日に受けていましたから。ある程度の時を経て、冷静に振り返ることができるに違いありません。

一方、**牡羊座さん、蟹座さん、天秤座さん、山羊座さん**は、10年5月28日～8月14日、11年3月12日～18年5月16日、18年11月7日～19年3月16日に、そして**牡牛座さん、獅子座さん、蠍座さん、水瓶座さん**は、18年5月16日～11月7日、19年3月6日～25年7月7日、25年11月8日～26年4月26日に受けることになります。

どういった出来事が巻き起こるか、詳細は個々によって違いますが、**スパイス**によって料理の幅が広がるように、多くの方の人生も、「結果的に」**より豊かな**広がりをみせるに違いありません。

42歳の厄年

予想外の出来事や、革新的な事柄を

引き起こすとされる天王星ですが、その公転周期は約84年です。

勘のいい方はおわかりですね？

これはつまり、84年の半分、42歳前後のときに、天王星は生まれたときと正反対のポジション、１８０度の位置に入るということです。

180度という角度はチャレンジな状況をつくり出すことで知られています。

もし、近くに、あなたと同じ星座の

人がいるなら手をとり合いましょう。まだ、口もきいたことがないなら、話しかけ、ランチにでも誘ってみてください。

あなたがたはお互いに、この上ない導き手となる可能性を秘めているというのに、係わり合いを持たないでいるとしたら、なんともったいないことでしょう。

相手の**美点**は、そのままあなたの美点でもあり、また、思わずドキリとさせられる相手の特徴も、その多くはあなたの傾向と重なるに違いありません——決めつけ？　と言われても、そもそも12星座占いというのは、12のタイプ分けで運命を論じるものですから——そして、お互いに近況を報告し合っているうちに、あなたがたは面白いことに気づくでしょう。

状況の詳細は違っているのに、なぜか**似たパターン**の出来事が起きていることに。

何より人は、自分以外の人間が人生に悩むとき、どのように生きるべきか的確に助言できるというのに、自分のこととなるとさっぱりわからなくなりますから、**「似たもの同士」**の彼らとつき合うことで、きっとあなたは、自分自身に対しても、的確なアドバイスができるようになるでしょう。

12星座それぞれに、ルーラー、

つまり、**守護星**があり、これらは、たとえあなたがどこにいようと、何をしていようと、あなたを護り、**未来へと導いてくれる**でしょう——だって守護星ですもの！


牡羊座さんのルーラーは火星。情熱を持ち、行動あるのみです。

牡牛座さんと天秤座さんのルーラーは金星。愛をもって臨んでください。

双子座さんと乙女座さんは水星。リサーチし、あらゆる側面から解決策を探りましょう。

蟹座さんは月。満月の日は結論を急がないことです。

獅子座さんは太陽。堂々と、公明正大にいきましょう。

蠍座さんは冥王星。つまずきはチャンスだと思いましょう。

射手座さんは木星。慈悲深く、寛大に対処してください。

山羊座さんは土星。忍耐強くいきましょう。

水瓶座さんは天王星。斬新な方法で突破口を開いてください。魚座さんは海王星。実際に起きていることだけを見て判断しましょう。あなたが想像しているより、周囲は、世界は、あなたに好意的ですよ！

Chapter

5

幸せのほうから近づいてくる発想法

Ways of thinking to bring happiness closer to you

Pop the champagne
and celebrate your progress!

さあ、シャンパンを抜いて、乾杯の準備をしましょう！

星のため息

星はいつも私たちの一歩先にいて、

私たちの**意識**や**価値観**が追いついてくるのを待っています。そして常に、私たちが軌道を外れないように、**適切なタイミング**で手を差し伸べているのです。

問題は、あなたがそれに気づいていたとしても、あなたには、望むものと望まないものがあり、また、夢と希望と理想のライフスタイルがあり、宇宙が「**これで!**」と提示しても「**チェンジ!**」とにべもなく却下してしまうということです——豊かさの弊害とでもいいましょうか。

星も嘆いています。**昔はよかった**と。

どうして人は、不幸の原因は探すのに、幸福であることの理由は探さないのでしょうね？

それほど不幸は魅力的で、幸福は退屈なのでしょうか？　また「幸福」とは一体何でしょう？

アランの『Propos sur le bonheur』（邦題『幸福論』）によると、

Le pessimisme est d'humeur ; l'optimisme est de volonté.

悲観主義は気分のものであり、楽観主義は意志のもの。

とあります。

これはつまり「幸福になろう」と「意図する」ことこそが肝心だということです――そうとわかれば、宣言しましょう。

「私は幸せになります」といますぐに！

もし、困難が予想される事態になったとしても、むやみに恐れる必要はありません。もたらされる出来事に対し、**客観的に、現実的に、**すべきことをただ済ませればいいだけです。そして、シャワーを浴びたら、ベッドに滑り込み、眠りにつく前に、未来のあなたにウィンクしましょう。**「あとはまかせた！」**

OK、まかせて――未来のあなたより

あなたの前方に、赤い布が

ひるがえっているからといって、突進しなければならないわけではありません――いいのですよ、突進したければ突進しても。

テーブルの上に、たくさんのご馳走が並べられているからといって、すべてを平らげなくてはならないわけでもありません――平らげたければ？　もちろんそうしましょう、追加オーダーも可能です！

あなたは**自由**です。

そして、「いつか」「そのうち」「ゆくゆく」などという日は存在しません。いつだって何かが足りないのです。

未知の領域

人類は、宇宙については

よく知っているのに、海の底についてはあまりよく知らないのです。世紀の大発見があるかもしれないのに！

そう、深海に棲む「海底人」の王国が見つかるかもしれません し――おそらく、ウミガメのバスが走り、最先端の海底人が集まるバー、ryu-gu-joがあり、そこのクイーンビーはoto-himeという乙にすました姫タイプでしょう――あるいはまた、伝説の巨大タコ・クラーケンを発見し、養殖にも成功、栄養豊富な夢の食材・クラーケンが、世界の飢餓問題を救うかもしれません！

あなたの中の手つかずのままになっている**才能**や**可能性**も、あなたが気づいてくれるのを待っています！

それを知るツールとして、**占いは最高**です。

というセールストークを考えているのですが、どうでしょうね？

段差

あなたがいるところと、

あなたがいたいところの段差はどれくらいでしょう?

そして、あなたは、段差を**「埋めたい」**と思っていますか?
「埋めるべき」だと感じていますか?

そうそう、最も重要なことをお伝えするのを忘れていました!
あなたの不足を別の誰かに求めたりはしないでくださいね。

自立は重要なテーマです。

けれども、**「分離」**もまた、同じか、それ以上に本質的で、意義深いテーマです。

分離の感覚が希薄な場合、状況に呑まれやすく、受け流すことや、交渉が不得手で、リーダーになると問題ばかりが起こるでしょう。なぜなら、それらは、特定の相手、もしくは、集団や仲間からの心理的な「離脱」、つまり「分離」が不可欠だからです。

分離の感覚が身についていると、たとえば――そう、カフェであまり愉快でない話が始まったとき、気取られることなく、ごく自然に笑顔で話題を変えることができるでしょう。

願いが叶う人の特徴

個人のチャートにおいて、

ネットワークを意味するエリアは、同時に願望のエリアでもあります。一般的に、このエリアが強調されている人は、**交友関係が幅広く、願いが叶いやすく、希望が通りやすい**とされています。これはつまり、**人脈の豊かさ**は、そのまま、願望の叶いやすさに通じるということです。

周囲をみていただくとわかると思いますが、友人・知人が多く、幅広いネットワークを持つ人には、そうでない人よりも、数多くのチャンスが訪れていることでしょう。

チャンスや幸運というものは、人を介してやってくる場合がほとんどなのです。

「私は自力でここまでやってきました」という場合も、その時々で、他人の善意や支援があったはずですよ。

スリーピング・ビューティは

なぜ眠っているのでしょう？　また、シンデレラはなぜ、灰をかぶって立ち働いているのでしょう？　それは、

のちの展開に必要だからです。

そうでなければ、とっくに起き上がってダンスを踊り、いじわるな異母姉妹に暖炉の灰を投げつけていますよ——間違いなく！

ふたつの真理

確かなことがあります。

それはあらゆる**悩み**や**不調和**は、ふたつの真理で説明がつくということです。

それは、「人は信じたいように信じる」「同じやり方では同じ結果しか得られない」です。

たとえば、「株で損した」場合、信じたいように信じ、読み違えたという結果ですし、「常にお金がない」場合、何かが根本的に間違っていて――それは、お金の使い方から、暮らし方、職業の選び方まで――そのやり方を変えないからかもしれません。また、「特定の人物とうまくいかない」場合、前兆があったにもかかわらず、そんなはずはないと信じきっていたか、似たパターンで何度も失敗していることも考えられます。「風邪をこじらせた」も、大したことはないと信じたか、健康について深く考えないまま、きたのかもしれません。「恋人ができない」。これも、何度も同じような相手と同じように恋に落ち、同じように別れているのかもしれませんし、自分を好きになってくれる「現実の相手」ではなく、空想の世界にしか存在しない「完璧なパートナー」を求めている結果かもしれません。もちろん、異論もおありでしょう

――**特に最後のものは！**――けれども、それさえ、そんなことはないと固く信じている可能性だって否定できません。

これはつまり、その逆の、

こうあってほしいというフィルターをかけてではなく、ありのままの事実だけをみつめる。

ひとつの方法や目的（ターゲット）に執着しない。

このふたつが、**成功**と**幸福**へのハイウエイだということです。

ああ、もちろん、**私がそう信じている**だけですよ！

幸運の受け止め方

「ツイてる!」「運がいい!」

という考え方は、素晴らしいポジティヴシンキングですが、いつまでたっても、自分自身の能力や努力に自信が持てない状態になる危険性も孕んでいます。

へたをすれば、よい状態はすべて運やツキのおかげで、悪い状態は、すべて自分自身のせいになってしまいます——由々しき事態です! ——そうならないためには、もし、ツイてる! 運がいい! と思う場面に遭遇しても、有頂天にならずに、「自分は、この素晴らしい状況を受け取るに**ふさわしい人間だ**」と考え、じっくりとその状況、心の状態を味わいましょう。

Q　西洋占星術においては、人類は12星座、12種類の性格しかないのでしょうか？

A　こういった質問がくるたびに、

私は途方に暮れます。西洋占星術が、12種類の性格しか持ちえない大ざっぱな占いだからではありません。どう説明すべきかを考えると、目の前に広大な宇宙が拡がり、意識が遠のき、私ごときが説明しきれるものではないような絶望的な気分になるからです――これは決して、婉曲的表現で、説明が面倒だとか、西洋占星術入門をみてほしいといっているわけではありません、決して。

西洋占星術において、性格の種類は無限です。なぜなら、複数の天体、または、感受点の**組み合わせ**で性格が決まってくるからです。たとえば、ある人の生まれたときの太陽は蟹座でも、情緒を表す月は乙女座かもしれず、嗜好を示す金星は獅子座で、情熱の向かう先である火星は射手座かもしれません。さらに、天体同士の角度も関係してきます。というように、同じ星座に太陽があっても、**その他の要素**で性格は変わってきます。

が、いわゆる12星座占いということなら、太陽だけを取り出して、どの星座にあるかで占うわけですから、15種類あったらおかしなことになります。12種類でいいのです。

なんと簡単に説明できたのでしょう。

懸念しているほど、ことは複雑でも困難でもないという好例です。

次いきましょう！

Q　運のいい人と、そうでない人の違いは？

A　言いたいことはわかります。

が、運がいい悪いの**定義**が難しいですね。

経済的な豊かさを第一とする人が考える「運がいい」と、穏やかな生活を望む人が思う「運がいい」、ドラマティックに生きたい人の「運がいい」は、おのずと違ってくるでしょうから。

それでも、もし、あなたが誰かを見て、何不自由ない恵まれた環境にあり、誰からも愛され、苦労なんてまったくないように感じられるなら、

1、そう見えるだけ
2、実際に「運のいい」星の下に生まれた「運のいい人」

のいずれかでしょう。

2なら不公平?

——夢を壊すようですが、人生は不公平です、生まれたときから。

平等なのは**時間**だけ。

ギョッとして、他人の人生に関心を向けないでくれたら**「成功」**です。運がいい悪いの概念は、**人と引き比べることで**生まれますからね!

次いきましょう。

Q 運命の相手と出会うには、どうすればいいでしょう?

A　木星が自分の星座か、

自分の星座を1とカウントし、5番目の星座、7番目の星座にあるときに、婚活に力を入れるといいですよ！

それより何より、

自分自身に恋をしてしまうくらい、素敵なあなたになればいいだけです！

次いきましょう。

Q　「いつも忙しい日々」から逃れるには？

A　私はうなだれます。

――そんなことを訊かれても答えようがないからです。

「ご自身でお考えになるか、ご家族やお友達、企業カウンセラーの方にでも相談なさったほうがよいですよ」とお答えするか、

もしくは、特定の天体の影響により、肉体的にも精神的にも限界を超えるような状況になっていると考えられる場合――往々にして絶対的パワーの星・**冥王星**は、そういった状況を作り出します――その天体の影響から解放される時期を伝え、あとはご自身の判断にまかせます。

「いつも忙しい」という状況を**期間限定だと割り切って**やり遂げるか、何かを**あきらめる**か。

それは、自分ですべてコントロールすることをあきらめ、人に任せるということかもしれませんし、出費を覚悟して、あなたの代役を雇い入れることかもしれません。あるいは、何かを潔くや

めることかもしれませんし、仕事なら、雇用形態を変えてもらうか、休職するか、転職を考えることも必要でしょう。

占星術は魔法ではありません。

もしかしたら魔法のように操れる占い師がいるかもしれませんが、残念ながら私はそうではありません。

次いきましょう。

Q 「天職」ってなんでしょう?

A 自分の真実を託せるワーク。

次いきましょう。

Q　幸せになりたいです！

A　話をするとき

顎が上がっていないか、下目遣いになっていないか、チェックしてみてください。

そして、話をするとき、顎が上がっていて、下目遣いになっている人がいたら、観察してください。

一体、**どんな印象**を周囲に与えているでしょう？

次いきましょう。

Q　占い師は、自分の人生のことが全部わかっているの？

A　自分自身については

占わないという方も多いでしょう。

占いを勉強されている方から、シリアスなメールをいただくことが、年に、そう、20～30通でしょうか、ありますが、みなさん、ご自身の未来を占いすぎて、悪いほうに考えすぎて、取り乱していらっしゃる。向上心が強く、勉強熱心で、センシティヴな方ほど、そうなるような印象を受けます。まさに**「想像力は問題を作り出す」**です。

ただ、自分自身が一番身近なサンプルですから、星回りと、自分の状況を照らし合わせるのは、現実的で冷静でいられるなら、そう悪いことではないでしょう。

そして私自身に関しては、全部かどうかはわかりませんが、大体のところはわかっているつもりです。70％くらいでしょうか。

そして、ほぼ予想していた通りにこれまできています。

いつどんな転機が訪れるかということから、いつごろPCを新調するか、あるいは、この日に重要な契約がある、といったこと、いつ体調を崩すかや、ギョッとされるかもしれませんが、死因もだいたいのところは理解しているつもりです——迷惑をかけずに人生を終えようと思ったら、どうしたって知っておく必要があると思ったのです——といっても、さすがに天寿を全うする**「その日」**はわかりません。わからなくていいでしょう。

わかったところで、苦悩が増えるだけですし、暗示にかかり、死ななくてはいけない気分になってしまうかもしれませんから。

いつかそのうちなどという日は

ありません。ぼんやり白昼夢のようなシミュレーションを繰り返していないで、**「決意」**することです。

落ち込んだときに

もし、自分自身を不甲斐なく感じるなら、

もし、自分自身の無力さに、消えてなくなりたいと思うなら、もし、誰からも注目されず、ペシャンコにつぶれたように感じるなら、

こう考えましょう。**「自分は少し疲れているのだ」**と——それはおそらく真実です。

確かなことがふたつあります。

ひとつは、何かがうまくいっていないと感じるなら、あなたはそのことからしばらく離れている必要があるということ。

もうひとつは、あなたは、**苦悩**するために生まれてきたのではないということです！

贈る言葉

まったく、どうなることかと

思いましたよ。と同時に、あなたなら心配はいらないとも思っていました。

それでは。

ヤッター!! おめでとう!! Bravo!! Congratulations!!
恭喜!!

僭越《せんえつ》ながらはなむけの言葉を。

どうかどうか、あなたの「理想」を忘れずにいてください。それはひとつのプロジェクトであれ、ひとつの人間関係であれ。理想を無視することによって、あなたは日々の喜びや、創造の楽しみ、人生の豊かさまで失います。それを忘れずに――絶対、断固として、なんとしても！

そして、欧米人が好んで使う、この格言を。

Watch your thoughts, for they become words. Watch your words, for they become actions. Watch your actions, for they become habits. Watch your habits, for they become character. Watch your character, for it becomes your destiny.

考えは言葉となり、言葉は行動となり、行動は習慣となり、習慣は人格となり、**人格は運命となる。**

うーん、素晴らしい！

これはつまり、近い将来あなたに**占いは必要ない**ということです。

12星座それぞれに、

アイディアが湧いたり、ひらめきを得られるスポットがあります。

牡羊座さんは、市場やバーゲン会場、日の出を拝める場所、
牡牛座さんは、公園やカフェ、オーガニックレストラン、
双子座さんは、インターネットカフェや漫画喫茶、図書館、
蟹座さんは、百貨店やホテル、銭湯、
獅子座さんは、劇場や映画館、玩具屋さん、
乙女座さんは、ドラッグストアやジム、
天秤座さんは、エステや花屋さん、
蠍座さんは、地下にあるお店や夜の繁華街、
射手座さんは、外国人の多い店や図書館、
山羊座さんは、蕎麦屋さん、甘味屋さん、神社仏閣、
水瓶座さんは、プラネタリウムや古着屋さん、足つぼマッサージ店、
魚座さんは、アロマショップや寝具売り場、プールです。

おわりに

最後までおつき合いいただき、ありがとうございます。

12星座や、占星術についての記述だけでなく、自由な形でのコラム本を、という話をいただいたのはずいぶん前でしたが、どうやっても書く時間が捻出《ねんしゅつ》できず、数年が経過していました。私は占い師で、現在、紹介制でセッションを行っており、多いときで1日7件こなしますが、それでもうクタクタで、翌日は起き上がれなくなることもあるほどです。想像してみてください。これ以上ないというほどの緊迫したミーティングを連続で7件消化したときの心労を。しかもどれも1対1です――セッションを紹介制としているのは、あまり社交的とはいえない私が、見ず知らずの方といきなり個室で向き合うことで、さらなるストレスを被《こうむ》らないようにするための苦渋の選択ですので、ご理解いただけますと幸いです——そして、雑誌の巻末占いや特集、書籍の年間占いの原稿を書き、法人の相談に乗り、ラジオで舌を噛み噛みしゃべり、イベントに顔を出すと、あっという間に1年が終わってゆくのです。

そこで今回、完全に空白の時間を設け、この本に充てたわけですが、それは、日々時間に追われている私にとって、あらゆる事柄と向き合い、振り返ることができる貴重な時間となりました。

とりとめのない本となったかもしれませんが、メッセージブックですから、共時性を楽しんでいただければ幸いです。

今回、帯の言葉は、2013年にバンコクでお目にかかって以来、浅からぬご縁を感じている漫画家のヤマザキマリさんにお願いいたしました。深く深く、感謝いたします。

また、今回、このような機会を与えてくださった、集英社の南方知英子さん、萱島治子さん、私がのびのび仕事ができるように、さまざまな提案をしてくだった柳下真智子さん、そしてまた、これまでとはちょっと趣の異なる、けれども、とても素敵な本に仕上げてくださったデザインチームの吉村亮さん、眞柄花穂さんへ、心からの敬意と感謝を捧げます。

また、旅の写真を提供してくれた、フォトグラファーの大倉琢夫さんへ、スペシャルな感謝を。

この本に書かれたメッセージが、適切なタイミングでみなさんのもとへ届きますように。

橘　さくら

カバー写真　Cameron Strathdee/E+/Getty Images
著者近影　江原 隆司
本文写真　大倉 琢夫（スタジオピース）
デザイン　吉村 亮　眞柄 花穂（yoshi-des.）

参考資料／P155　映画『マーガレット・サッチャー 鉄の女の涙』

HAPPY GATE
幸せのほうから近づいてくる生き方

2016年6月29日 第1刷発行

著　　者　橘 さくら
発 行 人　南方 知英子

発 行 所　株式会社 集英社
〒101-8050
東京都千代田区一ツ橋2-5-10
編集部: 03-3230-6399
読者係: 03-3230-6080
販売部: 03-3230-6393（書店専用）

印刷・製本　大日本印刷株式会社

ISBN 978-4-08-333146-6　C0095
定価はカバーに表示してあります